Cómo lograr todos tus deseos

dejando que
la mente subconsciente
trabaje para ti

Si este libro le ha interesado y desea que lo mantengamos informado de nuestras publicaciones, escríbanos indicándonos cuáles son los temas de su interés (Astrología, Autoayuda, Esoterismo, Qigong, Naturismo, Espiritualidad, Terapias Energéticas, Psicología práctica, Tradición...) y gustosamente lo complaceremos.

Puede contactar con nosotros en
comunicación@editorialsirio.com

Título original: How to Attain Your Desires by Letting Your Subconscious Mind Work for You
Versión extractada de: José Manuel Moreno Cidoncha
Diseño de portada: Editorial Sirio, S.A.

© de la presente edición

EDITORIAL SIRIO, S.A.	EDITORIAL SIRIO	ED. SIRIO ARGENTINA
C/ Rosa de los Vientos, 64	Nirvana Libros S.A. de C.V.	C/ Paracas 59
Pol. Ind. El Viso	Camino a Minas, 501	1275- Capital Federal
29006-Málaga	Bodega nº 8,	Buenos Aires
España	Col. Lomas de Becerra	(Argentina)
	Del.: Alvaro Obregón	
	México D.F., 01280	

www.editorialsirio.com
E-Mail: sirio@editorialsirio.com

I.S.B.N.: 978-84-7808-772-3
Depósito Legal: MA-1501-2012

Impreso en los talleres gráficos de Romanya/Valls
Verdaguer 1, 08786-Capellades (Barcelona)

Printed in Spain

Cualquier forma de reproducción, distribución, comunicación pública o transformación de esta obra sólo puede ser realizada con la autorización de sus titulares, salvo excepción prevista por la ley. Diríjase a CEDRO (Centro Español de Derechos Reprográficos, www.cedro.org) si necesita fotocopiar o escanear algún fragmento de esta obra.

Genevieve Behrend

Cómo lograr todos tus
deseos

dejando que
la mente subconsciente
trabaje para ti

El *New Thought* –Nuevo Pensamiento– es una corriente filosófica que surgió en Estados Unidos hace unos ciento cincuenta años, impulsada por grandes pensadores como Emerson, Trine, Allen y Atkinson, entre otros. Rápidamente fue tomando cada vez más fuerza, mejorando la vida de muchas personas al elevar su nivel de conciencia y llegando, durante todo el siglo XX, a surgir grandes escritores. No es una religión –aunque de él emanaron algunas instituciones religiosas–, sino más bien una filosofía que proclama la necesidad de que tengamos una experiencia directa del Creador, sin intermediarios. Su mensaje central es que nuestro pensamiento da origen a nuestras experiencias y a nuestra visión del mundo; por ello, concede mucha importancia a una actitud mental positiva, a la meditación y a la visualización. En la colección *New Thought* estamos editando obras poco conocidas de este movimiento filosófico-espiritual, cuya influencia en nuestros días sigue siendo enorme.

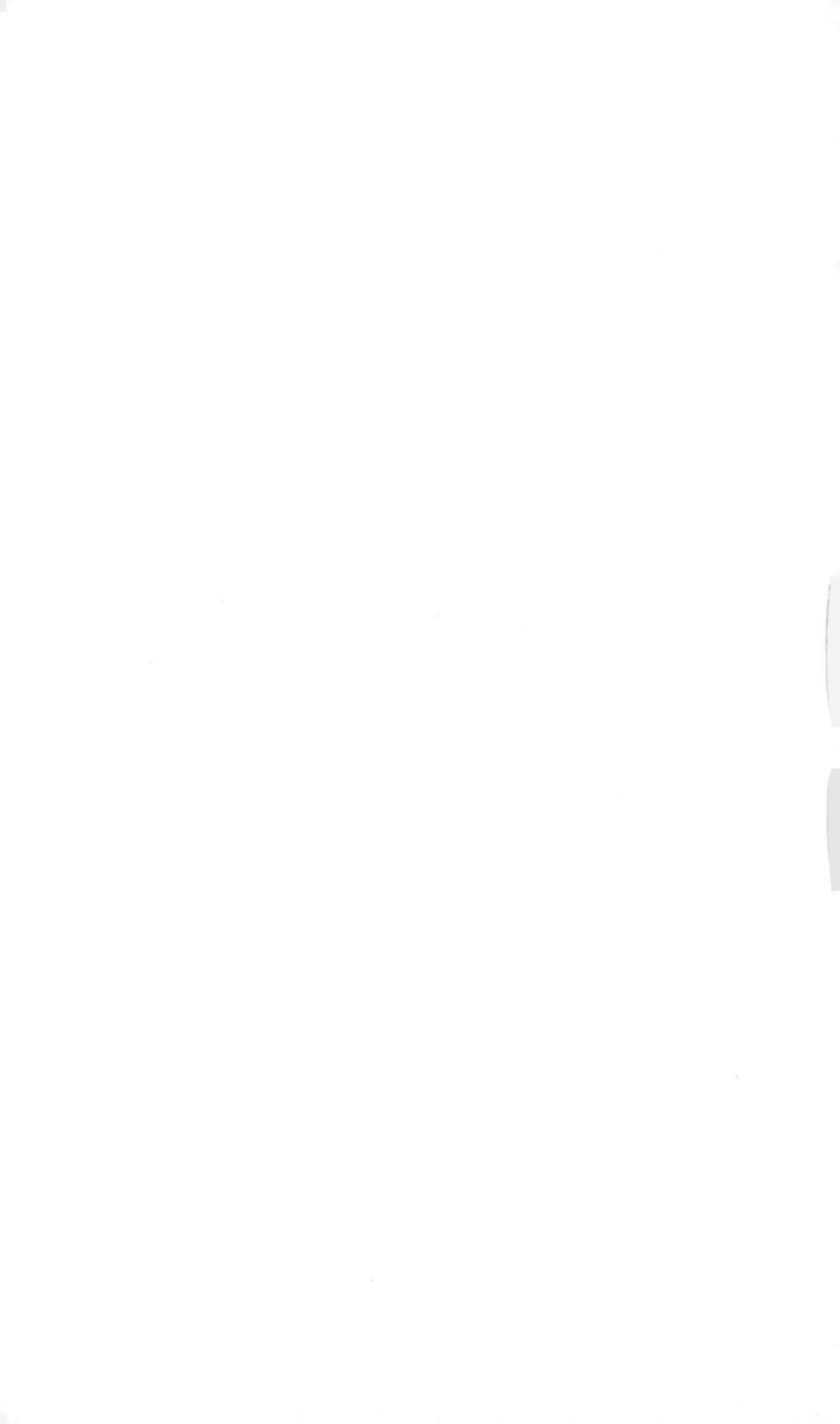

INTRODUCCIÓN

EL PODER DEL PENSAMIENTO

La historia del hombre está marcada por la eterna búsqueda de la verdad. Tras el desarrollo cultural, social y económico de las grandes civilizaciones del pasado y del legado de los pensadores que más han influido en nuestro devenir, se halla ese deseo por conocer nuestro lugar en el mundo y el sentido de nuestra existencia.

¿Existe Dios? ¿Se puede hablar de una energía inteligente que crea y mueve el cosmos? ¿Somos el resultado de un cúmulo de fortuitas coincidencias? A día de hoy, pocos pueden decir que han iluminado su entendimiento hasta la absoluta comprensión de la verdad, y sin embargo, existen mentes privilegiadas que se han acercado a ella. Thomas Troward fue una de esas mentes.

Este libro fue publicado en el año 1929, fruto de las «clases magistrales» de Troward a Genevieve Behrend. La propia Behrend recopiló las enseñanzas más poderosas recibidas durante los cuatro años en los que recibió la guía de Troward y escribió esta obra en la misma forma dialogada que lo había recibido. A pesar de la actualidad del pensamiento de ambos autores, hemos querido revitalizar este texto extrayendo su esencia más práctica, reestructurando sus enseñanzas, enfatizando sus máximas y afirmaciones y centrándonos en facilitar su aplicación particular a todo el que se acerque a él.

Lo que hace que *Cómo lograr todos tus deseos* sea tan actual y valioso es la claridad con la que nos enseña a descubrir y desarrollar el poder del pensamiento para cambiar nuestro estado interior y nuestras circunstancias, enseñándonos a centrarnos en lo que queremos lograr en lugar de perdernos en aquello que nos sucede sin la intervención de nuestra voluntad. Ya entonces, ambos autores habían descubierto la fuerza de las afirmaciones y la observación de nuestro interior como medio para sincronizarlo con lo que nos rodea. Como el propio Troward decía: «"Yo soy" es la palabra de poder. Si crees que tu pensamiento es poderoso, tu pensamiento es poderoso».

EL MAESTRO Y LA DISCÍPULA

Troward y Behrend fueron dos inteligencias insólitas que se encontraron en un momento en el que el hombre comenzaba a abrirse a nuevas realidades más sutiles, y su legado es una enseñanza que traspasa el tiempo que les tocó vivir y llega intacta al nuestro. Troward inculcó en su discípula una actitud inconforme consigo misma como paso para cambiar una realidad caprichosa y mezquina. Si nuestro pensamiento es creador, ¿cómo no dedicar todos nuestros esfuerzos a dirigir ese poder creativo? Es como tener un coche de carreras y no saber manejar el volante. A todas luces, el sentido común que se impone ante ese deseo de fabricar nuestro destino y nuestras circunstancias, es lo que hizo que ambos quisieran luchar en un mismo sentido.

Thomas Troward nació a mediados del siglo xix en la India. Hijo de padres ingleses, concluyó su formación académica en Inglaterra, pero su posterior permanencia durante más de veinticinco años en el país asiático fue primordial en la influencia de su búsqueda espiritual. Ni su trabajo de juez ni su apasionado amor por la pintura tuvieron tanta importancia en su vida como el estudio de los principales textos sagrados orientales, la tradición religiosa hebraica y, por encima de todo, la Biblia. Troward halló en la palabra de Jesucristo la luz que necesitaba para orientar su búsqueda, pero abrió un nuevo camino que iba más allá de los dogmas establecidos por la Iglesia, desarrollando un sistema filosófico que ayudara al hombre a hallar la salud, la alegría y la paz espiritual por medio del poder del pensamiento.

Genevieve Behrend fue la única discípula que tuvo Troward. Por un lado, él nunca quiso erigirse como maestro, pero por otro, probablemente no hubo nadie más capacitado para recibir –y transmitir posteriormente– sus enseñanzas como ella. Prueba de esto es que desde 1912 hasta 1914, su vida se centró exclusivamente en absorber la sabiduría y filosofía de vida de Troward. Después de este periodo, se convirtió en la más decidida transmisora del «Nuevo Pensamiento» destilado en las ideas y enseñanzas de su maestro. Escribió diferentes libros, pero todos transmiten de alguna forma las enseñanzas que Troward le inculcó para usar el poder transformador del pensamiento.

UN CAMPO DE ESTUDIO MUY CIENTÍFICO

Uno de los libros de más éxito de los últimos años, *El secreto*, de Rhonda Byrne, reconoce la influencia de la filosofía de Troward en su gestación. Y es que el influjo de este se halla mucho más presente de lo que se pueda pensar. Este autor bautizó su campo de estudio como «Ciencia Mental» —aunque más tarde se englobara en la corriente denominada *New Thought*, Nuevo Pensamiento—, ya que su pretensión fue siempre la de acercarse con firmeza a la investigación del ser desde un punto de vista científico. Era consciente de que su tema de investigación rayaba en los límites de la teología y la religión, y se esforzó por no cruzar esa línea. No ha habido científicos posteriores que hayan sido tan intrépidos, y su trabajo responde sin restricciones y de forma convincente a determinadas preguntas que desconciertan a muchos científicos en la actualidad —cuestiones como la efectividad de los placebos en enfermos cuyo tratamiento médico ha sido infructuoso o curas inexplicables bajo la influencia de una mente carismática o poderosa—. En definitiva, se trata de ver cómo la combinación que se establece entre pensamiento, creencia e intención, tiene un efecto en nuestra conducta, en nuestra salud y en nuestro bienestar, un efecto más real que muchas de las circunstancias materiales que damos como ciertas.

Introducción

En algunos aspectos, la física cuántica está probando hoy día los planteamientos de Troward: experimentos que prueban el poder de la intención, la ley de la atracción, la sincronicidad entre estados internos y circunstancias externas, etc. Sin embargo, es posible que haya personas que, incluso estando convencidas de estos argumentos, vean imposible realizar estos hechos en ellas mismas. Las claves están todas contenidas en este libro. Léelo, estúdialo y practícalo. Comprobarás por ti mismo hasta dónde puede llegar el poder de tu pensamiento.

¡Ningún hombre bueno debería perderse! Lo que fue, debería existir para siempre.

Robert Browning

Comprendo que cuanto Dios hace es duradero. Nada hay que añadir ni nada que quitar. Lo que es, ya antes fue; lo que será, ya es. Y Dios restaura lo pasado.

Eclesiastés 3,14-15

DEDICATORIA

Presento reverentemente estas páginas, que representan el torrente de un corazón lleno, en el altar del recuerdo de un hombre que fue sabio y santo, maestro y guía, y mi muy querido amigo, el juez Thomas T. Troward.

G. B.

Capítulo 1

CÓMO CONSEGUIR LO QUE SE QUIERE

Y conoceréis la verdad, y la verdad os hará libres.

SAN JUAN 8, 32

LAS LEYES DE LA VIDA

Lo más verdadero de la vida es que en sí misma contiene alegría y libertad absoluta: libertad de mente, de cuerpo y de circunstancias.

No cometas el típico error de juzgarlo todo únicamente desde un punto de vista material.

La vida llena todo el espacio, y a través de la comprensión y el uso de sus Leyes, se puede dirigir una cualidad particular de fuerza creativa, que, si se mantiene en su lugar mediante la voluntad, será totalmente posible de reproducir en su correspondiente forma física.

Cuando se conocen las Leyes de la Vida, ese conocimiento nos proporciona ideas que nos permiten controlar cualquier circunstancia o condición adversa.

Observa una flor. Es hermosa, ¿verdad? ¿No te demuestra eso la indiscutible presencia de una Gran Inteligencia que se expresa a través de la belleza, de la forma, del color y, por encima de todo, de la alegría?

La inteligencia que se expresa en la mente del ser humano, como fuerza de iniciativa y selección, es la expresión más elevada de Vida Inteligente.

Las plantas, los animales y el ser humano representan todos la misma Fuerza Universal. La única diferencia estriba en sus distintos grados de inteligencia. La inteligencia está presente en nosotros, pero solo puede aumentar si se utiliza de manera constructiva.

LOS GRADOS DE INTELIGENCIA

Cuanto mayor sea tu inteligencia, más fácil te resultará poner en práctica el nivel más elevado de energía creativa.

Cuanto más desarrolles tu inteligencia —y con ello no quiero decir intelectualmente o leyendo libros, sino a través del autoaprendizaje—, más fácil te será observar cómo van desapareciendo, de manera casi imperceptible, tus antiguas y limitadas ideas acerca de lo que no eres o no puedes ser, hacer o tener.

Si utilizas la inteligencia y confías en ella para dirigirte hacia Dios, acabarás reconociendo que tú también formas parte de esa Inteligencia Superior, igual que una gota de agua es parte del océano.

No eres una víctima, sino que formas parte del Universo.

El grado superior de inteligencia es esa forma de vida capaz de reconocerse a sí misma en relación con toda la inteligencia existente.

Cuando se está convencido de que cualquier realidad o circunstancia física tiene su origen en las actividades de la mente —nuestro pensamiento—, se es capaz de vencer cualquier tipo de adversidad, porque se comprende que siempre es posible controlar los propios pensamientos.

Siempre hemos de tener la determinación de crear nuestro *propio* pensamiento.

Debes pensar por ti mismo y a tu manera, con independencia de lo que tus antecesores pensasen y a pesar de que alguno de ellos haya podido lograr las metas deseadas.

EL SECRETO PARA CONTROLAR TUS FUERZAS VITALES

En todo momento, la capacidad de utilizar el poder inagotable que reside en las leyes de tu propia naturaleza, y que es propiamente tuyo, depende de que reconozcas su presencia.

La mente individual es el instrumento a través del cual intenta expresarse por sí misma nuestra más elevada forma de inteligencia, cuyo poder es inmenso.

Cuando consideres que una situación está más allá de tu control, pasará a estarlo realmente.

¿De qué le sirve a uno decir que tiene fe, si sus hechos no lo demuestran?

Sin sus revelaciones, Dios sería un don nadie.

Pensar sin actuar es ineficaz.

El *reconocimiento* de que estás inseparablemente conectado con *la alegría, la vida, la inteligencia y el poder del Gran Todo, mantenido sin titubeos y llevado a la práctica*, solucionará cualquier problema, porque tu pensamiento pondrá en acción ciertas ideas del más alto grado de inteligencia y poder, que controlan de modo natural los niveles inferiores.

CÓMO ILUMINAR TU CAMINO

Se ha de comprender que la causa de nuestro fracaso o de nuestra continuada desgracia radica en nosotros mismos.

El esfuerzo tenaz y seguro *siempre* reporta satisfacción.

Trata de utilizar el poder de pensar y sentir positivamente, a fin de lograr resultados positivos.

La Inteligencia siempre se manifiesta en la capacidad de respuesta.

Toda la acción del proceso evolutivo de la Vida, desde sus principios inanimados hasta su manifestación en forma humana, es una respuesta inteligente continua.

Si decides reconocer la presencia de una Inteligencia Universal que permea toda la naturaleza, también reconocerás una correspondiente capacidad de respuesta oculta en lo más profundo de todo lo que existe —en los árboles, en las briznas de hierba, en las flores, en los animales y, de hecho, en todo— que siempre está dispuesta a pasar a la acción cuando se le conmine a hacerlo.

TODO EFECTO TIENE SU CAUSA

Todo es vida, y todo es ley y orden. En realidad no hay coincidencias, y no podemos nunca decir: «Esto ha sucedido por casualidad».

El mejor método para aprender es revivir las experiencias pasadas. Analiza qué pensamientos y sensaciones estaban presentes cuando conseguiste lo que te proponías y cuando fracasaste. Luego, extrae tus propias conclusiones. Ninguna enseñanza escrita o hablada puede igualar a esta.

El propósito de la vida es dar expresión a nuestra alegría, belleza y poder, a través de un instrumento particular: nuestro pensamiento.

Sea cual fuere la justificación que creyeras tener en un momento determinado, cualquier sensación de desánimo, insatisfacción o ansiedad hace que el cumplimiento de tu deseo se aleje de ti cada vez más.

Puedes despojarte de un pensamiento perjudicial manteniendo una *actitud mental positiva* respecto a tu deseo más íntimo, como si fuese un *hecho consumado,* tanto si se trata de un estado de ánimo como de algo material.

DIRIGIR EL PENSAMIENTO

No es posible tener pensamientos positivos y negativos al mismo tiempo.

Cuando piensas una cosa y dices otra, tu pensamiento es uno. Dices automáticamente una cosa mientras piensas otra. En definitiva, tus palabras no son la expresión del pensamiento que hay en tu mente. Intenta pensar en ti mismo como un triunfador y un fracasado al mismo tiempo. Te resultará imposible tener pensamientos positivos y negativos a la vez.

Como individuo, puedes controlar las circunstancias a través de la comprensión de tu relación personal con la Inteligencia que gobierna el universo.

Cuando la tríada de enemigos —miedo, ansiedad y desánimo— te asalten, envenenándote la mente y el cuerpo, despierta tu poder para atraer lo que deseas empezando inmediatamente a respirar hondo y repitiendo con tanta rapidez como puedas, en voz alta o en silencio, la siguiente afirmación, que es un poderoso antídoto contra ese veneno y una potente garantía de la atracción de Dios: "La Vida que hay en mí está inseparablemente conectada con toda la vida existente, y por completo dedicada a mi avance personal".

No te impacientes contigo mismo porque no tengas éxito en todos tus intentos. Lo que cuenta es la *intención*.

Sé diligente y paciente, y tendrás asegurado el éxito.

Capítulo 2

CÓMO SUPERAR LAS CIRCUNSTANCIAS ADVERSAS

*No existe nada bueno ni mal;
es el pensamiento humano el que lo hace parecer así.*

SHAKESPEARE

EL ESPÍRITU FUNDAMENTAL U ORIGINADOR

Si deseas superar circunstancias adversas o bien mantener unas favorables, es necesario tener cierto conocimiento acerca del Espíritu fundamental u originador y de la relación que tenemos con él. No es necesario negar la realidad del mundo físico, ni considerarlo una ilusión. Por el contrario, *admitiendo la existencia de lo físico, se acaba siendo testigo de la realización de un gran proceso invisible y creativo*.

El Principio de Vida que nos anima es la *misma vida del pensamiento y de los sentidos. Tú eres un vehículo, un medio transmisor del Espíritu creador de la vida*.

Tú puedes controlar las circunstancias y las condiciones de tu mundo individual, *de las cuales tú mismo eres la piedra angular,* consiguiendo que tus pensamientos y tus sensaciones se correspondan con las fuerzas originarias e inteligentes de la vida.

Sé práctico en tu razonamiento y diligente en tus actos.

El germen de vida que hay en ti es una Inteligencia que puede invocar todas las fuerzas del universo, pero que solo es capaz de operar a través de *tu* inteligencia, de acuerdo con lo que tú *creas con seguridad que puedes* y *que vas a conseguir*.

Vierte las condiciones adversas con las que te enfrentas en una corriente continua de confianza en el poder de Dios que hay dentro ti y, en la medida en que lo hagas, *cambiarán*.

LA PROPIA MENTE EN RELACIÓN CON LA MENTE UNIVERSAL

Utiliza tu sentido común y todas tus facultades mentales tanto como te sea posible y esfuérzate en mantener ante el ojo de la mente el pensamiento de que toda condición física o material de tu vida responde a tu tendencia habitual de pensamiento, y que esa tendencia de pensamiento tuya acabará convirtiéndose en la reproducción del modo en que consideras tu vida personal en relación con la vida en su totalidad.

Lo importante es darse cuenta de que, como individuo, eres un centro especializado a través del cual toma forma la fuerza y la esencia de la Vida, que responden exactamente a tus ideas más habituales.

La relación entre la mente individual y la Mente Universal es de acción recíproca. Has de captar ese principio de reciprocidad para comprender por qué a veces no llegas a disfrutar de la vida y, sin embargo, puedes lograr su completo disfrute. Exactamente de igual forma que la ley de gravitación demuestra por qué el hierro se hunde en el agua, pero igualmente se puede conseguir que flote.

La Mente Universal creó tu mente con el propósito directo de expresarse a través de ti. La acción recíproca entre tu mente y la Mente Universal podría compararse a la de un árbol y sus ramas. Tu mente es la expresión *específica* de la Mente Universal, de la que extraes tu poder para pensar, igual que la rama de un árbol es una parte específica de él, que no está separada de él, sino que es una de sus partes. Así pues, entre la Mente Universal o la Vida y su propia expresión particular —que es tu mente—, existe una interacción constante, al igual que ocurre entre el árbol y sus distintas partes: las ramas y las hojas extraen continuamente el sustento de su tronco. La acción de tu pensamiento es la acción particular de la Mente Universal.

Si te ves a ti mismo feliz y contento y elevas tu mente mediante la repetición constante de una afirmación alegre, comprobarás la rapidez con la que se da la correspondiente reacción.

Las circunstancias adversas se superan invirtiendo la causa originadora, que es el propio pensamiento.

La ansiedad y el miedo siempre atraen circunstancias de su misma naturaleza. Invierte esta tendencia y recrea únicamente aquellos pensamientos que originen armonía y seguridad; de esta forma las circunstancias adversas se desvanecerán, y en su lugar aparecerán las condiciones correspondientes a tu cambio de mentalidad.

CREAR LAS CIRCUNSTANCIAS POR MEDIO DE NUESTRO PENSAMIENTO

Disponiendo concisa e inteligentemente tus pensamientos y buscando en tu interior las soluciones a tus problemas en lugar de hacerlo fuera, puedes estar seguro de que las ideas llegarán a ti, y que si las sigues crearán nuevas circunstancias, distintas a las proporcionadas por la naturaleza.

Imagina la fuerza del agua que espontáneamente proporciona la naturaleza y que el hombre utiliza para mover un molino. Vemos que esa fuerza no es mayor o menor dependiendo de nuestra voluntad, pero el hombre la amplía y la ajusta a sus necesidades, para su propio beneficio.

El verdadero orden del proceso creativo es justamente el contrario de lo que solemos pensar, ya que el pensamiento y el sentimiento son las causas originarias que conforman las condiciones externas, y no al revés. Este es el principio básico a partir del cual surge la ley genérica de todo el proceso creativo para conseguir que dé fruto toda tu Inteligencia y tu Energía.

La ley es: «***El ser humano se convierte en aquello que piensa***».

Si deseas alejarte de una situación indeseable, debes adoptar el método científico del pensamiento afirmativo y seguirlo como un factor decisivo en tu vida.

Tu inteligencia es el instrumento a través del cual la Gran Inteligencia del universo adopta constantemente una forma concreta. El reconocimiento continuo de este hecho te permitirá hallar una salida a cualquier sentimiento de limitación que pudiera manifestarse en tu experiencia individual.

APRENDER A PENSAR POR UNO MISMO

Nadie puede pensar por otro. Tus ideas deben ser el resultado del esfuerzo decidido por reconocer tu propia inteligencia individual como el instrumento en el que constantemente se concreta la Inteligencia Superior.

Si estás lo suficientemente convencido del poder de tu propio pensamiento, no necesitarás ninguna fuerza de apoyo aparte de la propia convicción.

No acabaremos de comprender nuestra relación con el Gran Todo si no entendemos que no solo se trata de una fuerza creadora, sino también formativa.

La Ley de la Vida es «Dios y Compañía». Tú eres la Compañía, y si quieres obtener provecho de esta asociación, no puedes, ni por un instante, ser una parte ociosa.

Habrá ocasiones en que te resultará difícil transferir tu pensamiento de lo externo a la esfera interior del Principio Creador y mantenerlo alegremente ahí hasta que las condiciones externas respondan a las ideas que tienes en mente, pero lo cierto es que nunca debe existir tensión alguna.

Bajo ninguna circunstancia debes permitirte caer en el hábito de la ensoñación ociosa. El lado material de la vida no debe ser despreciado, pues es el exterior de su correspondiente interior, y tiene en consecuencia su importancia y su sitio. Lo que hay que evitar es que la adquisición de bienes materiales sea tu objetivo prioritario. Sin embargo, cuando determinados hechos externos aparezcan en el círculo de tu vida, deberás trabajar con ellos diligentemente y con sentido común.

Recuerda que las cosas son símbolos y que lo que simbolizan es más importante que el propio símbolo.

LAS LEYES DE LA NATURALEZA

El conocimiento de que «La naturaleza te obedece exactamente en el mismo grado en el que tú obedeces a la naturaleza», siempre conduce a la libertad.

La principal y más importante ley de la naturaleza es la armonía. Comprobarás los resultados de la ley de la armonía en el hermoso mundo que te rodea. Si obedeces las sugerencias de la naturaleza y sigues la ley, recibirás todos los beneficios que te puede ofrecer: salud, fortaleza, alegría, etc., pues todas sus leyes reportan libertad y armonía. Descubrirás que la naturaleza responde siguiendo las mismas pautas, siempre que tus pensamientos y tus acciones estén de acuerdo con sus leyes.

CREAR LO QUE NECESITAMOS Y ELIMINAR LO QUE NO QUEREMOS

El pensamiento, como tal, siempre es creativo, tanto si es bueno como si es malo.

No basta con penetrar en el espíritu de tu razonamiento durante quince minutos al día con la confianza interior de que estás dirigiendo una energía infalible y cierta hacia una manifestación física deseada, y luego pasar el resto de tus momentos de vigilia sumido en las dudas y el miedo.

Si estimulas tu sentimiento de fe, la respuesta será inmediata.

Para eliminar las dudas y el miedo, el pensamiento que yo misma utilizo con más frecuencia es el siguiente: «Mi mente es un centro de funcionamiento divino. El funcionamiento divino siempre tiende a la expansión y a la expresión total, y eso implica la producción de algo que está más allá de lo que he alcanzado con anterioridad, algo totalmente nuevo, que no he vivido en experiencias pasadas y que se logra mediante una ordenada secuencia de crecimiento. Así pues, como lo divino no puede cambiar su propia naturaleza, debe operar de la misma manera en mí. Por ello, mi propio mundo, del cual yo soy el centro, avanzará a fin de producir nuevas condiciones, siempre más allá de cualquiera que haya creado antes».

Siempre que sientas que se obstaculiza tu camino hacia la libertad, esfuérzate todo lo que puedas por vivir con el espíritu de tu afirmación, y no tardarás en descubrir que tu mente recibe ideas que, de seguirlas, te conducirán al camino de la libertad absoluta.

Aunque el miedo es el enemigo mental más destructivo y parece hallarse siempre presente en todo, cuando se llega a comprender que el *miedo tiene tantas posibilidades de manifestarse como la propia fe*, es posible protegerse mejor, dependiendo de la calidad del pensamiento que se albergue.

En el instante en que empieces a sentir miedo, sal al aire libre, si es posible, y camina enérgicamente dos o tres kilómetros, respirando hondo, manteniendo alto el mentón y el pecho erguido. Piensa en ti mismo como en el rey de todo lo que contemplas y asume una actitud de mando adecuada. Cada vez que respires, repite esta afirmación: «Estoy respirando la Vida, el Amor y la Fuerza del universo *¡en este momento!*». Contén la respiración durante un segundo, con esta afirmación en el centro de tu mente; luego espira con el mismo pensamiento y transmítelo para que se mezcle con el éter del universo. «Mi Padre de Amor y yo somos UNO.»

Si no puedes salir al aire libre, adopta la misma actitud estés donde estés. Respira hondo, repite la afirmación y *siente* verdaderamente que estás protegido y que te llega todo el amor y la fuerza que la Vida tiene para transmitirte. El miedo desaparecerá y podrás reanudar aquello que estabas haciendo.

La práctica conduce a la perfección.

Capítulo 3

CÓMO REFORZAR LA VOLUNTAD

Todo lo bueno que hemos deseado, esperado o soñado, existirá; y no de una forma parecida, sino exactamente de la forma que esperamos.

ROBERT BROWNING

LA IMPORTANCIA DE LA VOLUNTAD

Es muy importante contar con el conocimiento suficiente acerca de nuestra propia voluntad para que no se desaproveche, o para que no se pierda por no entender cuál es su lugar y su poder.

Las situaciones creadas a partir de la simple fuerza de voluntad desaparecen en cuanto esta se relaja.

La voluntad es la fuerza de control que hay en tu mente y que mantiene tu pensamiento en una dirección determinada hasta que se alcanza un resultado.

La voluntad es una estabilizadora del pensamiento.

Si la imaginación es la función creativa, la voluntad es el principio centralizador; *su* función consiste en dirigir la imaginación en el sentido correcto.

El éxito o el fracaso dependen de una sola cosa: el *control mental*. La voluntad es el factor de control, y su función siempre es la misma: mantener las facultades mentales para que puedan realizar la labor que se pretende de ellas.

Con una voluntad adecuadamente formada es posible elegir un pensamiento, mantenerlo hasta que haya finalizado su tarea, soltarlo y luego elegir otro pensamiento, repitiendo una y otra vez el proceso, si así se desea. En pocas palabras, se puede trabajar cuando hay que trabajar y divertirse cuando haya que divertirse.

Una voluntad bien formada y desarrollada nos mantiene en cualquier actividad que deseemos sin provocarnos ninguna tensión y su uso nunca ocasiona sensación de fatiga.

El principio para desarrollar la voluntad es «asumir una determinación calmada y tranquila dirigida a mantener una actitud mental concreta a pesar de todas las tentaciones que puedan aparecer en contra, sabiendo que al hacerlo así, aparecerá el resultado deseado».

EL ENTRENAMIENTO DE LA VOLUNTAD

Al entrenar la voluntad, uno se hace consciente del tremendo poder que actúa en los planos del principio o causa primera de todas las cosas aparentemente físicas. Este poder es la Inteligencia Viva del universo.

Explícate a ti mismo lo que desees de manera clara y concisa, sabiendo que cristalizará como un hecho objetivo –y confiando en que lo hará–, porque tu voluntad actúa sobre la Inteligencia informe creativa y hace que adopte la forma que tú has decidido.

Todo nuestro entorno es el resultado de nuestro pensamiento.

Es importante comprender que cualquier inclinación a forzar la voluntad resultaría perjudicial y debe evitarse.

Una vez que se es totalmente consciente del lugar que ocupa y del poder de la voluntad en nuestra esfera mental, manteniendo en funcionamiento la energía creativa al formular nuestros deseos, comprenderemos que la voluntad se puede entrenar y nunca volveremos a sentirnos bien sin utilizarla constantemente, pues ya sería como vivir a medias.

La mejor manera de reforzar la voluntad es practicar ejercicios con ese único propósito, recordando siempre, al realizarlos, que nuestro esfuerzo está orientado al autoaprendizaje y el autocontrol.

Con una voluntad bien desarrollada y entrenada, tus pensamientos nunca se alejarán de la conciencia de que «todo forma parte de la vida y es, por tanto, bueno, y de que la naturaleza, desde su apariencia física hasta sus profundidades más arcanas, es un silo de bondad».

En tu poder está la llave de tus mayores tesoros, y sea lo que fuere lo que más te atraiga en cualquier momento y lugar, has de saber que en dicho momento estarás en contacto con el Espíritu de Vida. Al comprenderlo, beberás de los manantiales universales de energía vital que convierten la existencia en un acto de alegría y que, por medio de la irradiación de sus vibraciones, pueden apartar cualquier experiencia perjudicial. Esta es, con toda seguridad, una razón lo suficientemente buena para desarrollar la voluntad.

La voluntad es débil por falta de ejercicio. Formarla es muy parecido a entrenarse para fortalecer los músculos: su desarrollo es gradual. Solo la voluntad puede desarrollar la voluntad; por ello se empieza con la que se dispone, que se amplía y se refuerza a través de la acción sobre sí misma.

La voluntad débil se manifiesta de dos formas: el exceso de actividad y la apatía. Es conveniente empezar cada día con la resolución de **no precipitarse ni dejar ninguna tarea sin acabar**. Esforzarse en este sentido tiene un valor incalculable. En tu mente debe haber únicamente *un* objetivo en lo tocante al ejercicio de la voluntad: su desarrollo y fortalecimiento. En ese momento no has de albergar pensamiento alguno acerca de la mejora de tus aptitudes o habilidades, pues si está presente cualquier motivo ulterior, se perderá de vista la formación de la voluntad, que es lo principal.

PRÁCTICA DE LA VOLUNTAD

Cultiva la sensación de alegría, de satisfacción, y comienza el ejercicio con dicha sensación, resuelto a realizarlo con una actitud mental feliz. *Esto es muy importante.* Lleva a cabo el ejercicio en un momento en que las interrupciones sean menos probables, durante siete días consecutivos, diez minutos seguidos al día. Si durante la práctica tiene lugar una interrupción, empieza de nuevo desde el principio. Si un día te olvidas del ejercicio antes de finalizar la serie de siete días, comienza de nuevo desde el primer día hasta que consigas finalizarlo ininterrumpidamente.

Ten papel y lápiz a mano antes de empezar. A continuación, coge cincuenta cerillas, cuentas, botones, trozos de papel o cualquier otro tipo de objeto pequeño y échalos lenta y pausadamente al interior de una caja, uno a uno, con una sensación de alegría y satisfacción, y declarando con cada movimiento: «*Lo hago ejerciendo mi voluntad*». El pensamiento más importante es que estás entrenándote para obtener el fruto de contar con una voluntad formada, y esa es la razón por la que has de cultivar la sensación de alegría. El único método a través del cual puedes estudiar el desarrollo de la voluntad es mediante el autoanálisis y la introspección, de manera que, cuando hayas finalizado la práctica, hazte preguntas como estas: «¿Qué pensé sobre el ejercicio cuando lo hacía? ¿Creí que iba a cultivar la voluntad realmente, o bien lo hice solo porque me dijeron que lo hiciera? ¿Me estuve concentrando de forma correcta cuando echaba las cerillas en la caja, o me preocupaba más la manera en que caían, o bien me distraje con otros pensamientos, buenos o malos? ¿Estuve pendiente de cuándo iba a terminar, o por el contrario estuve alimentando conscientemente pensamientos de satisfacción y alegría? ¿Tenía la sensación de estar en tensión o bien de estar fortaleciendo mi voluntad? ¿Creo de verdad que acabaré formando la voluntad si persisto el tiempo suficiente para demostrarlo?», etc.

Escribe esta serie de preguntas y respuestas en el papel. Te resultará interesante y alentador releer estos apuntes más tarde, para observar tus progresos.

Puedes estimular el interés en este ejercicio variando tu determinación o tu propósito. Es decir, puedes mantener una actitud consciente de *alegre* voluntad de poder, otra de *fuerte* voluntad de poder, otra de *pacífica* voluntad de poder e incluso otra de *satisfacción*, etc. Estas variaciones en el ejercicio reportan la consecución de una voluntad firme y fuerte, así como un uso inteligente de ella.

Capítulo 4

CÓMO CONSEGUIR QUE LA MENTE SUBCONSCIENTE TRABAJE PARA TI

La fuerza más potente del universo es la influencia de la mente subconsciente. La formación adecuada para hallar la correlación entre las facultades subliminales y las objetivas es la llave mágica que revela el más grande de los tesoros: la facultad de recordar. Y con el recuerdo llegan las reflexiones naturales, la visión, el conocimiento, la cultura y todo lo que tiende a convertir al ser humano en un dios, aunque sea en un estado embrionario.

Dr. Edwin F. Bowers

ENTRA EN EL ESPÍRITU DE TU DESEO

Todo el mundo cuenta con el mismo poder en sus mentes subconscientes para atraer aquello que desean a través de sus propios esfuerzos.

Si deseas imprimir o grabar en tu mente subconsciente la sensación de felicidad, debes meditar primero sobre tu visión de la felicidad. Observar de qué manera te afecta. Si en respuesta a tu meditación te sientes relajado y confiado, puedes estar seguro de que tu mente subconsciente ha quedado impresa con ese pensamiento. No existe límite para el poder creativo de la mente subconsciente, una vez que ha quedado grabado con la intención.

La mente subconsciente es, en esencia, la misma que la Mente Subconsciente Universal, a la que estás inseparablemente conectado. Has de comprender que tu mente subconsciente recibe sus impresiones de la mente objetiva y nunca de *lo material*. Por lo tanto, es necesario apartar tu pensamiento de aquello *material o físico* que deseas y reposar mentalmente en su *símbolo espiritual*, que es el origen inherente de su formación.

Todo lo que sabemos de lo invisible lo obtenemos a partir de lo que observamos que ocurre en el plano de lo visible.

Esfuérzate en comprenderte como espíritu puro, cuya cualidad esencial es el bien. El espíritu puro es vida pura y, naturalmente, lo único que puede desear es manifestar cada vez más vida, independientemente de las formas a través de las cuales se manifiesta. En consecuencia, «cuanto más pura es la intención, más rápidamente pasa a la mente subconsciente», que instantáneamente la transmite a la Mente Universal.

PRÁCTICA PARA LOGRAR TUS DESEOS

Si tu deseo es conseguir una casa, una silla, una cantidad determinada de dinero o cualquier otra cosa, lo primero que debes considerar es cómo se originó el objeto deseado. Al meditar sobre el espíritu original del objeto en cuestión, estarás poniendo en funcionamiento el poder creativo de la mente subconsciente, la cual está en contacto con toda la energía creativa que existe.

Supón que lo que deseas es una casa. Debes ir a su concepto original. La idea de una casa tiene su origen en la necesidad primaria de refugio, de protección frente a los elementos y también de comodidad. A partir de esos deseos originales se manifestaron nuestras viviendas actuales. Así que primero procede a construir una casa en tu propia conciencia, manteniendo solo pensamientos armoniosos y constructivos. Este tipo de pensamiento proporciona a la mente subconsciente un buen material con el que trabajar, y según sea tu disposición a dejarte sugestionar, junto a tu propio poder creativo, seguirá su formación y acabará dando lugar a la casa.

De modo que en primer lugar debes formarte en tu mente objetiva una idea clara del tipo de casa que deseas: si es de una planta o de más, el número y tamaño de sus habitaciones, cuántas ventanas y puertas tendría... En pocas palabras, has de imaginar mentalmente toda la casa, tanto interior como exteriormente. Recórrela entera: mira el exterior, luego entra y examínala cuidadosamente desde el sótano hasta la buhardilla. A continuación, deja de lado esa imagen y asiéntate en el prototipo espiritual de la casa. Para hallar el prototipo espiritual de cualquier objeto, el método más sencillo es preguntarse a uno mismo qué uso le va a dar, qué implica... En otras palabras, ¿cuál es la razón de su existencia?

Toda cosa física o material es el *resultado* de una idea que está primero en la conciencia. Esas ideas, que son de naturaleza universal, se especifican a través de la imagen mental y del esfuerzo concentrado. El hábito de crear los pensamientos —si se persiste en él— despeja el camino para la manifestación física de la imagen mental, sea la que fuere.

VIVIR SINTIÉNDONOS PROTEGIDOS

La sensación de protección se establece en nuestro interior merced al conocimiento de que estamos protegidos por el Todopoderoso, Omnipresente e Inteligente Poder de la Vida. Entonces se sabe a las claras que se está vivo, y ese saber conlleva una sensación de seguridad que nada físico nos puede ofrecer.

Una de las sensaciones más satisfactorias y reconfortantes que existen es la de estar protegido desde el interior de uno mismo.

La protección es una cualidad inherente a la vida. Por ello, ocupa todo el espacio y está siempre disponible para que se la invoque en cualquier forma de expresión.

En la mente del ser humano radica un poder que nos permite entrar en contacto con el ilimitado y universal Poder de Dios, y envolvernos en él.

Hay que esforzarse por mantener en la mente en todo momento la presencia del propio Ser Real, que es la única protección verdadera, uno con toda Vida e Inteligencia, la cual no solo nos protege sino que, además, nos lo facilita todo.

CÓMO DESARROLLAR LA SALUD Y LA ARMONÍA

Para mejorar la salud física, hay que esforzarse en mantener el pensamiento tan armonioso como sea posible, e imaginar mentalmente que se está bien y que se llevan a cabo esas actividades útiles y alegres de la vida cotidiana que una persona sana haría de manera natural, comprendiendo siempre que el Principio Creador de la Vida debe actuar en uno mismo armoniosamente a fin de producir resultados físicos armoniosos.

Si dirigimos el pensamiento a la imagen mental del estado de salud que deseamos tener, independientemente de las condiciones o síntomas que tengamos, podremos desarrollar esa imagen mental y *vivir en su prototipo* firmemente.

De este modo, la imagen mental sería una semilla que sembramos para que el pensamiento quede grabado en la mente subconsciente, iniciando así el modelado de su energía creativa y dando paso a una verdadera transformación en nuestro interior.

«Nunca intentes obligarte a creer lo que sabes que no es verdad», ya que a menos que tu fe se alce sobre el sólido fundamento de la convicción absoluta, nunca podrás utilizarla de modo práctico.

El prototipo del dinero es Valor, y el método para manifestar más dinero consiste en imaginar mentalmente la suma que necesitamos para un propósito específico. Tras crear una imagen clara y definida, debemos aumentar nuestra visión del dinero como el símbolo del valor de la vida aplicado al uso que intentamos darle. El dinero es el factor más importante de intercambio constructivo con el que contamos actualmente.

MANTÉN EL PENSAMIENTO DE LO QUE ERES, PARA QUE TE GUÍE HACIA LO QUE QUIERES SER

La energía creativa solo tiene una manera de operar: mediante la acción recíproca partiendo de la Mente Universal a tu mente subconsciente, para luego ir en sentido contrario desde tu mente subconsciente hasta la Mente Subconsciente Universal, que es su origen y que, invariablemente, responde al pensamiento.

Tu principal objetivo debería ser convencerte sin asomo de duda de que el Espíritu Creador que originó todo cuanto existe es la raíz de tu individualidad.

Solo hay una causa primigenia: la Mente Subconsciente Universal, de la que tu propia mente subconsciente forma parte. Para comprenderlo, es necesario grabar en esta última la realidad de tu relación con el Todo Ilimitado. Conecta todos tus pensamientos y sensaciones con lo mejor que hay en ti. Este antiguo dicho contiene mucha razón: «Lo que ves es lo que eres; si lo que ves es polvo, eres polvo; si ves a Dios, eres Dios».

El pensamiento que se tiene se convierte en un hecho real en nuestra mente, así como en nuestro plano físico, y por ello debemos mantener el pensamiento de *lo que somos realmente* para convertirnos en lo que nos gustaría ser.

«Hay que considerar la mente subconsciente individual como el órgano de lo absoluto, y la mente objetiva como el órgano de lo relativo».

Si modelas tu pensamiento diciéndole a tu mente subconsciente una y otra vez que es el único poder creativo, disfrutarás de las alegrías del éxito.

CÓMO LOGRAR LA CONEXIÓN CON NUESTRO PODER CREATIVO

No intentes convertir las cosas en lo que no son. La mente subconsciente es subjetiva porque se encuentra por debajo del umbral de la conciencia. Es el Edificador del Cuerpo, pero no puede ver, oír ni sentir cómo lo construye.

Mantén en tu mente consciente la serena tranquilidad de saber que la mente subconsciente está siempre funcionando de acuerdo con el pensamiento habitual de tu mente objetiva. No necesitas hacer nada más; la mente subconsciente se ocupará de sí misma.

¿Cómo podemos mantener nuestro pensamiento consciente dentro de una corriente vital de alegría y de generosidad? La respuesta es muy simple, aunque tal vez parezca anticuada: mirando a Dios. Para ello, intenta sentir el Espíritu Divino Universal fluyendo perpetuamente a través de todo cuando existe.

Contempla serenamente al Espíritu Divino como un fluir continuo de Vida, Luz, Inteligencia, Amor y Poder, y descubrirás que esa corriente fluye a través de ti y se manifiesta de forma constante, tanto mental como físicamente, en todos tus asuntos.

Prepárate interiormente con una actitud mental que mire hacia la luz —Dios es Luz— con la esperanza de recibir vida e iluminación, y exteriormente no negando con tus acciones lo que estás intentando mantener en tu pensamiento.

El Espíritu, al fluir a través de ti, se convierte en ti, y se convierte precisamente en lo que tú consideras que eres, del mismo modo que el agua adopta la forma del conducto por el que fluye. El Espíritu adopta la forma de tus pensamientos. Es enormemente sensible. Imagínate lo sensible que debe de ser el Principio de la Vida. Piensa en ello. Piensa una y otra vez en ello, con bondad, con cariño y con confianza, y te responderá como un amigo que te da la bienvenida.

Si tratas de analizar al Espíritu Divino solo conseguirás oscurecer la Luz. No se puede diseccionar a Dios.

Permite que tus ideas se conviertan en deseos que puedan ser observados bajo la Luz Divina, que crezcan serenamente a partir de sí mismas, y podrás observarlas en su auténtica y verdadera luz.

Como el *Espíritu* es *Infinito*, a través de la oración y la meditación es posible beber de él para aumentar la inteligencia viva.

FLUIR DE ACUERDO CON EL VERDADERO ORDEN

El *Poder* es *de Dios* y lo *recibe* el Ser Humano, que a su vez lo ejerce *sobre* la naturaleza. Este es el orden verdadero.

Nuestra fe es nuestro *auténtico pensamiento*. Si este auténtico pensamiento nuestro consiste en una expectativa de enfermedad y pobreza, *esa* será nuestra fe, y creeremos en el poder de la enfermedad y la pobreza, a las que les abriremos las puertas de par en par.

Al creer sencillamente en las Promesas Divinas, se transfiere toda la responsabilidad al Espíritu Divino —la mente subconsciente—, y a través de la actitud mental *receptiva*, uno se convierte en «compañero de trabajo» de Dios. *Dejemos,* pues, que el Espíritu Creativo opere en nosotros, para nosotros y a través de nosotros.

Un significado del símbolo masónico de la estrella de cinco puntas es que todo regresa a su lugar de partida.

Comienza desde la cúspide del triángulo y traza una línea a su alrededor: indudablemente llegarás de nuevo a la cúspide. Así pues, si tomas como punto de partida el Cielo, regresarás a él y al Poder Divino; pero si tu punto de partida es la Tierra, retornarás a ella, por lo que la estrella quedará dibujada como un triángulo invertido.

Ahora dispones de todo el material necesario para sentar las bases de una superestructura de fe absoluta en Dios y en el *poder de Dios dentro ti,* que es tu mente subconsciente, y para ir construyéndola poco a poco. Este conocimiento, *bien fundamentado*, te proporcionará el dominio sobre cualquier circunstancia y condición adversa, porque estarás en contacto consciente con una energía ilimitada: «Solo has de creer en tu Dios interior, y todo será posible para ti».

Capítulo 5

AYUDAS RÁPIDAS Y CONCRETAS

En este capítulo se ofrecen, de la manera más práctica posible, los medios gracias a los cuales puedes hacer frente a los obstáculos de la vida y a las circunstancias que erosionan el alma, el espíritu y el cuerpo. Integra estas recomendaciones e instrucciones en tu vida más íntima y mantenlas activas a través del uso cotidiano. Te ayudarán constantemente a superar elementos destructivos y a atraer otros constructivos.

LA ANSIEDAD

Cuando las circunstancias de tu vida no sean de tu agrado y te descubras pensando cada vez más en lo infeliz que te sientes, sal de casa, al aire libre, todo el tiempo que puedas. Esfuérzate en caminar al menos tres o cuatro kilómetros al día, respirando el aire fresco profundamente y con este pensamiento en mente: «*En este momento* estoy inspirando la Vida, el Amor y el Poder del universo». No permitas que tu pensamiento caiga en viejos hábitos e inunda tu mente con esta afirmación. Se te ha concedido el control sobre todas las condiciones adversas a través del poder del pensamiento. Insiste en el reconocimiento de este hecho. Explícate a ti mismo una y otra vez que todo lo que sucede ahora en tu pensamiento y en tus emociones es positivo. En consecuencia, las circunstancias externas te responderán.

LA AUTOCOMPASIÓN

Está causada por una falta de fuerza de voluntad e implica fracaso, porque se carece de la fortaleza para darle a la energía vital, todavía informe, el pensamiento necesario para producir los resultados deseados. El control mental absoluto es lo único que necesitas para hacer, ser o tener lo que desees. Sin él, tus fuerzas quedarán dispersas.

Si permites que los pensamientos discurran sin ningún control, las circunstancias de tu vida se tornarán caóticas. Por ejemplo: si un amigo hace algo que tú no apruebas, evita dejar que el pensamiento se entretenga en la injusticia cometida por tu amigo, pues seguir dándole vueltas solo te producirá más amargura. Controla el pensamiento y no pienses en su amistad de modo pernicioso. En lugar de ello, considera los muchos y buenos atributos de la amistad, y eso restaurará la armonía. Haz lo mismo con respecto a la situación actual en la que te encuentres. No te la imagines mentalmente diciéndote a ti mismo: «¡No la soporto!». Repite en cambio esta gloriosa verdad: «Mi mente es un centro de operaciones divinas». Las operaciones divinas siempre implican avances y mejoras. Si te aferras con fe a este razonamiento, lo experimentarás así.

LOS CELOS

Los celos son el mayor enemigo del amor, y si permitimos que moren en nuestra conciencia, acabarán destruyendo nuestra capacidad de disfrutar de la vida. Es la reacción del miedo a perder algo, y puede superarse a través de la oración y la atención. Hay que razonar de la siguiente manera: «Dios es Vida y Amor. Yo soy vida y amor. No puedo perder ni el Amor ni la Vida». Cuando te sientas tentado por los celos, camina largas distancias con toda la frecuencia que te sea posible y dirige tu pensamiento al Amor, no solo al de la persona a la que amas, sino al concepto de Amor y sus atributos. Piensa en Dios como Amor. Mantén alejados de tu mente todos aquellos pensamientos relacionados con tus circunstancias personales y descubrirás que el amor brotará de ti mismo como de un manantial inagotable de amor y vida, que llena y colma tu conciencia.

LA IRA

Cuando te sacuda la ira, respira hondo y concentra tu pensamiento en el aire que entra en ti, visualizándolo como si estuviera formado por rayos de luz y respirando cada vez más profundamente. Continúa con las respiraciones profundas hasta haber inspirado veinticinco veces; contén cada una de ellas y cuenta hasta siete. Luego espira lentamente, manteniendo el pensamiento en la inspiración, viendo mentalmente cómo recorre tus pulmones y penetra en todas las partes de tu cuerpo como si fuesen rayos de luz. Luego medita sobre cualquier pensamiento positivo relacionado contigo mismo, como el de ser *uno con la vida y el bien.* Practicando de esta manera, no tardarás en mitigar tu tendencia a la ira.

LA CULPABILIDAD

En el instante en que empieces a culparte a ti mismo por haber hecho algo mal, deja entrar este pensamiento en tu consciencia y elimina cualquier otro: «La Inteligencia y la Sabiduría Infinitas se están expresando en mí en este momento, y cada vez con más intensidad». Realiza también este ejercicio: flexiona el tronco sin doblar las rodillas de manera que toques el suelo con las yemas de los dedos, inspirando al levantar el cuerpo y espirando cada vez que lo flexiones. Repítelo dieciséis veces, acompañado de la afirmación anterior.

LA DECEPCIÓN

Esta sutil energía destructiva debe apagarse por completo a través de tu contacto directo con toda la alegría que existe, porque tú eres uno con tu origen: la Bondad Universal. La vida quiere expresar alegría a través de ti. Como estás aquí con ese propósito, puedes y debes disfrutar de todo lo bueno que la Vida tiene que ofrecerte. Realiza ejercicio físico mientras te concentras en este pensamiento. Un buen ejercicio es sentarse en una silla e inspirar profundamente, para a continuación ir espirando poco a poco. Mientras haces esto, flexiona lentamente el tronco hasta tocar el suelo con las yemas de los dedos. Repítelo siete veces con la siguiente afirmación: «En este momento la alegría de Dios fluye en mí y a través de mí».

EL DESÁNIMO

Se trata del fracaso por tu parte a la hora de reconocer la Todopoderosa e Ilimitada Fuente de Energía —Dios— como tu compañera que nunca falla. Cuando te veas asaltado por el desánimo, pregúntate inmediatamente: «¿Qué energía me creó, y con qué propósito?». Luego repite lenta y *concienzudamente*: «Creo firmemente que Dios es una fuente de energía y protección omnipresente e inalterable». Observa tus pensamientos y evita que nada contrario a esta afirmación asome por tu mente. *Aférrate a ella* con toda tu voluntad, y de esta forma conseguirás eliminar el desánimo y la creencia de que este encierra algún poder o energía.

EL DESCONTENTO

Cuando este enemigo de la paz y la felicidad empiece a avanzar, canta, canta y canta en voz bien alta, si puedes, y si no, hazlo mentalmente. Canta cualquier cosa que te guste. Observa tu respiración y, todas las noches, introduce en tu mente subconsciente el pensamiento de que Dios te creó con el propósito de expresar todas las armonías de la Vida, tanto dentro ti como a través de ti, y que tu derecho divino es SER armonía y SER armonioso en tu experiencia cotidiana. Medita sobre la armonía que ves expresada en la naturaleza y esfuérzate por llevarla en tu pensamiento, para luego *expresarla* a través de ti.

LA DESDICHA

Un estado de ánimo siempre desdichado es el resultado directo de considerar la vida desde una perspectiva física, como si esa fuese la única realidad de la existencia. Todas las noches, antes de acostarte, introduce en tu mente subconsciente el siguiente pensamiento: «Solo hay una Mente con la que pueda pensar en mí, y esa es la Mente del Amor y del Poder Divinos». Medita por la mañana sobre esto.

LA ENFERMEDAD

Si el cuerpo es la expresión del pensamiento, la enfermedad es el resultado de creer que el cuerpo está sometido a ella. Explícate a ti mismo, muchas veces al día, que toda enfermedad física es el resultado de pensamientos negativos. Cuando hayas aceptado realmente como verdadera esta declaración, te cuidarás de mantener únicamente pensamientos sanos y armoniosos sobre ti mismo y sobre los demás. Por ejemplo, si sientes cómo te va apareciendo un dolor de cabeza, empieza de inmediato a respirar hondo, y con cada inspiración repítete a ti mismo que la respiración es la Vida, y que la vida es una salud perfecta: «Estoy vivo, y la salud de la vida se manifiesta en mí en este momento».

LA ENVIDIA

La envidia se produce por una sensación de separación respecto a Dios y a la bondad. Esfuérzate en reconocer que todo lo que la vida tiene que ofrecerte está presente en su totalidad en todo momento y en todo lugar, y que esto se convertirá en una expresión visible para ti a través del reconocimiento persistente que tengas de este gran hecho.

LA INDECISIÓN

Se trata de la falta de percepción de que tu inteligencia es el instrumento a través del cual la Inteligencia Universal toma una forma concreta. El esfuerzo por comprender esto debería convertirse en un hábito mental, en lugar de esos espasmódicos intentos que se llevan a cabo cuando surge la necesidad de decidir.

EL MIEDO

Dijo un escritor que el miedo es el único mal que existe. Es cierto que se trata de la energía más destructiva que uno puede albergar. Cuando el miedo llegue para atacarte, ciérrale la puerta de la mente con este pensamiento positivo: «La única energía creativa que existe es el pensamiento. Todo es posible para quien cree que el Dios que creó al hombre lo hizo con el propósito de expresarle a su hijo Su Amor Paterno y Su Protección. Creo en Dios, el Padre Todopoderoso, que es mi inteligencia y mi vida, manifestándose *ahora* en mi conciencia». Mientras piensas en ello, camina con energía o bien realiza ejercicios físicos extenuantes. Siempre que sientas que aparece el miedo, inhíbelo inmediatamente sustituyéndolo por cualquier pensamiento que *afirme el poder de Dios que hay dentro de ti*. En pocas palabras, el miedo se supera totalmente eliminando cualquier pensamiento que pudiera hacernos creer en otro poder que no sea el de Dios, el del espíritu de la Vida y el Amor, que es nuestro propio derecho de nacimiento.

LA SENSIBILIDAD EXCESIVA

Una mente en extremo sensible es sencillamente una «mente egoica». Nos sentimos ofendidos porque alguien dice o hace algo que no nos gusta. O al contrario, esa persona no sabe decir o hacer lo que *nosotros* creemos que debería decir o hacer. Para erradicar ese hábito de pensamiento tan perjudicial, hay que utilizar el mismo método descrito en la «autocompasión», y si tienes fe en tu trabajo mental, tus esfuerzos serán recompensados y te liberarás fácilmente de este hábito pernicioso.

CONCLUSIONES

Para finalizar, quizá resultaría útil ofrecer una idea definida, como una fórmula, acerca de cómo actuar y cómo obtener lo que se quiere.

En primer lugar, debemos acercarnos todo lo que podamos a ser un reflejo de la idea que tenemos de Dios, tanto en pensamiento como en acciones. Al principio puede parecer imposible acercarse a un objetivo así, pero reflexionar sobre el pensamiento de que Dios nos hizo a partir de Sí mismo porque deseaba verse y sentirse a Sí mismo en nosotros, nos ayudará a perseverar. De niños, cuando empezamos a aprender a leer sentimos lo maravilloso que sería poder hacerlo como los adultos, y por ello *continuamos intentándolo hasta lograr ese objetivo.*

Tal vez ahora mismo tienes un gran deseo por el que estarías dispuesto a dar la vida. En realidad solo es necesario que comiences dedicándole unos pocos instantes al día, esforzándote por penetrar en esta idea de Dios y viviendo en ella. Luego procura descubrir el Prototipo Espiritual de tu deseo, inhibiendo todo pensamiento físico de ese deseo.

Si lo que deseas es hallar una persona con la que realmente compartir la vida, cierra la mente por completo a toda personalidad y ser físico, y céntrate en el pensamiento y la sensación del Espíritu del Amor y de verdadera camaradería, sin hacer referencia a ninguna persona física. La persona es el instrumento a través del cual se manifiestan esas cualidades concretas, y no las cualidades en sí mismas, algo que solemos comprender cuando ya es demasiado tarde.

Puede que tal vez lo que desees sea mejorar tu situación económica. En este caso, tampoco es el dinero lo que andas buscando, sino lo que este simboliza: Identidad, Libertad y Superación de las carencias. Por lo tanto, has de buscar un momento de soledad por la mañana y por la noche —o en cualquier otro momento en el que estés seguro de que no te molestarán— y meditar sobre tu verdadera relación con Dios. Una vez que tu sensibilidad se haya estimulado hasta alcanzar el punto de la certidumbre, deberás meditar acerca de la omnipresente e imperecedera libertad esencial de Dios. Intenta no perder de vista el hecho de que el imán más potente para atraer el éxito material son las ideas. Existen muchas posibilidades de que captes una de esas ideas que generan éxito, si perseveras a la hora de seguir las sugerencias mencionadas en este libro.

De hacerlo, no solo captarás la idea, sino también el valor para ponerla en práctica. Este valor, dirigido a un uso positivo, te reportará el objeto de tu deseo: coraje, amor, amistad, salud, felicidad y esa paz que sobrepasa toda comprensión.

Que todo esto venga a ti abundantemente.

GLOSARIO

ABSOLUTO

Lo que carece de límites, restricciones o calificación.

Diccionario Webster

Una idea de la que están totalmente ausentes los elementos de tiempo y espacio.

Troward

Ejemplo: pensar en el absoluto sería simplemente explayarse en las cualidades intrínsecas del amor sin hacer referencia a quien se ama o a las diversas formas en las que se expresa el amor.

AMOR

La Vida Universal y la Ley Universal son una.
La ley de tu ser —tu vida— es que estás hecho a imagen de Dios —el Poder Creador que te ha engendrado—, porque tú eres Dios en una escala distinta.
La ley de la vida es que la mente es la individualización de la Mente Universal en el estado evolutivo en el que la propia mente logra la capacidad de razonar a partir de lo visible y lo invisible,

penetrando así tras el velo de la apariencia externa. De esta manera, al poseer en ti la facultad creativa, tus estados mentales y tus formas de pensamiento están destinados a cristalizar en tu cuerpo y en tus circunstancias.

Troward

CEREBRO

Es el instrumento a través del cual se expresa la acción de la Mente Universal en forma concreta, mediante pensamientos individuales. El cerebro no es la mente, sino su instrumento.

CIRCUNSTANCIAS

Son el efecto externo que responde a la tendencia interna del pensamiento.

CONCENTRACIÓN

Es llevar la mente a una situación de equilibrio que nos permita dirigir conscientemente el flujo del espíritu hacia un propósito definido y reconocible, impidiendo que nuestros pensamientos induzcan un flujo contrario.

Troward,
Conferencias de Edimburgo sobre Ciencia Mental

CONCEPTO

Dice William James que «no denota ni el estado mental ni lo que implica ese estado mental, sino la relación entre ambos».

CONCIENCIA

Es la actividad de la mente que le permite distinguir entre sí misma y la forma física en la que se manifiesta.

CONDICIONES

Son el resultado de las tendencias mentales. El pensamiento armonioso produce condiciones físicas y materiales armoniosas que dulcifican más el pensamiento.

CREAR

Hacer existir. El pensamiento es creativo porque manifiesta en la existencia, tanto física como objetiva, formas que se corresponden consigo mismo.

CREENCIA

Cierta cualidad del poder creativo del pensamiento que se manifiesta en el plano externo respondiendo exactamente a la cualidad de la creencia mantenida. Si crees que tu cuerpo está sometido a la enfermedad, el poder creativo de tu pensamiento sobre ella dará lugar a un cuerpo enfermo.

TROWARD,
Conferencias de Edimburgo sobre Ciencia Mental

CRISTO

Un estado de conciencia muy elevado y una cualidad sensible que se manifiesta físicamente. El concepto espiritual más perfecto.

CUERPO

Es el instrumento a través del cual se expresan los pensamientos y las sensaciones. El envoltorio del alma.

ESPÍRITU

Es imposible analizar la naturaleza del Espíritu, pero podemos comprender que, sea lo que fuere, se trata de un poder autogenerador que actúa y reacciona en sí mismo, autorreproduciéndose en formas inconcebibles, desde el cosmos hasta el ser humano —igual que la mente actúa y reacciona sobre sí misma al memorizar.

Es el origen de todo lo visible.

Como es independiente del tiempo y el espacio, debe ser pensamiento puro.

Se trata de una fuerza o energía creativa automática y reactiva, no física. Su acción solo puede *pensarse*, porque el pensamiento es la única acción no física concebible.

FE

«Las promesas divinas y la fe individual están relacionadas». Combínalas y no habrá límite para lo que puedas hacer con la energía creativa del pensamiento.

> *Toda invitación a tener fe en Dios es una invitación a tener fe en el poder del propio pensamiento acerca de Dios.*
>
> TROWARD

La fe es un estado de ánimo de confiada expectación. Una actitud mental así prepara la mente para la acción creativa del Espíritu Vital. Ten fe en la fuerza de tu propio pensamiento. Ya has experimentado en muchas ocasiones lo que puede hacer. La afirmación de Jesús: «Ten fe en Dios y nada te resultará imposible» no es simplemente una forma de hablar, sino un hecho científico expresado de forma sencilla. Tu pensamiento individual es el funcionamiento especializado del poder creativo de la vida —de toda vida.

INTELIGENCIA

La Mente Universal Infinita. La inteligencia más elevada es la mente que se sabe un instrumento de la Inteligencia que la creó.

MUERTE

Ausencia de vida. Pérdida de conciencia, sin capacidad de recuperación. Si un pensamiento ha sido eliminado por completo de la conciencia y no puede recordarse, estará muerto para ti.

PALABRA

«Es lo que inicia la vibración etérica de la vida moviéndose en una dirección en particular».

«La semilla de la que crece el objeto». Siembra tu palabra-semilla en la mente subconsciente del universo y podrás estar seguro de que recibirás algo como respuesta; esto es tan cierto como que la semilla de amapola produce amapolas.

La fe proporciona sustancia a lo invisible —el mundo invisible o el pensamiento invisible.

PENSAMIENTO

Es la acción concreta del Espíritu o Mente original y creativa.

SER

La vida, esa fuerza vital informe que controla condiciones y circunstancias.

Troward,
Misterio y significado de la Biblia

VERDAD

Lo que vive en ti es verdad para ti.

VISUALIZACIÓN

Visión interior o mental. El poder creativo de la vida adoptado de una forma particular. El acto de producir en tu mente la imagen de cualquier idea contemplada.

ÍNDICE

INTRODUCCIÓN	9
El poder del pensamiento	11
El maestro y la discípula	12
Un campo de estudio muy científico	14
DEDICATORIA	19
1. CÓMO CONSEGUIR LO QUE SE QUIERE	21
Las leyes de la vida	23
Los grados de inteligencia	24
El secreto para controlar tus fuerzas vitales	25
Cómo iluminar tu camino	26
Todo efecto tiene su causa	26
Dirigir el pensamiento	27
2. CÓMO SUPERAR LAS CIRCUNSTANCIAS ADVERSAS	29
El Espíritu fundamental u originador	31
La propia mente en relación con la Mente Universal	32
Crear las circunstancias por medio de nuestro pensamiento	34
Aprender a pensar por uno mismo	35
Las leyes de la naturaleza	36

Crear lo que necesitamos y eliminar lo que
no queremos.. 36
3. Cómo reforzar la voluntad... 39
    La importancia de la voluntad 41
    El entrenamiento de la voluntad................................... 42
    Práctica de la voluntad.. 44
4. Cómo conseguir que la mente subconsciente
trabaje para ti 47
    Entra en el espíritu de tu deseo..................................... 49
    Práctica para lograr tus deseos 50
    Vivir sintiéndonos protegidos....................................... 51
    Cómo desarrollar la salud y la armonía........................ 52
    Mantén el pensamiento de lo que eres, para que
    te guíe hacia lo que quieres ser..................................... 53
    Cómo lograr la conexión con nuestro poder creativo.... 54
    Fluir de acuerdo con el verdadero orden 56
5. Ayudas rápidas y concretas... 59
Conclusiones 69
Glosario 73

Manufactured by Amazon.ca
Bolton, ON

18531550R00050